BIBLIOTHÈQUE DRAMATI

Théâtre moderne.

LA PÉNÉLOPE

A LA MODE DE CAEN

PARODIE EN CINQ ENTR'ACTES

DE LA PÉNÉLOPE NORMANDE

Par M. EUGÈNE GRANGÉ

Prix : 1 franc

MICHEL LÉVY FRÈRES, LIBRAIRES-ÉDITEURS,

RUE VIVIENNE, 2 BIS

PARIS — 1860

LA PÉNÉLOPE

A LA MODE DE CAEN

PARODIE EN CINQ ENTR'ACTES D'UNE PIÈCE EN CINQ ACTES

PAR

M. EUGÈNE GRANGÉ

Représentée pour la première fois, à Paris, sur le théâtre du PALAIS-ROYAL,
le mardi 7 février 1860.

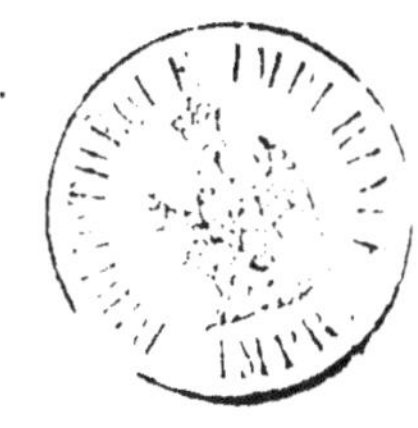

PARIS

MICHEL LÉVY FRÈRES, LIBRAIRES-ÉDITEURS

RUE VIVIENNE, 2 BIS

—

1860

LA PÉNÉLOPE

A LA MODE DE CAEN

PREMIER TABLEAU

Une chambre rustique ouverte au fond : portes latérales; tables, siéges.

—

SCÈNE PREMIÈRE.

LA VILAINE, puis MIMI.

LA VILAINE, entre de droite et se met à filer.

Oh! quelle bourgeoise embêtante!.. M. Carpeville, not' maître, avait bien besoin d'épouser c'te mijaurée-là... Puisque c'était son idée de prendre une femme ennuyeuse, j'étais là, moi, il n'avait qu'à me choisir... Bon! la v'là!.. (Elle continue à filer après sa quenouille.)

MIMI, se traînant nonchalamment et s'appuyant à chaque meuble*.

Oh!.. que je m'ennuie!.. tout m'ennuie... mon mari m'ennuie... la Vilaine m'ennuie... (Appelant.) La Vilaine!..

LA VILAINE.

Madame?..

MIMI.

Tu m'ennuies!.. (La Vilaine hausse les épaules sans répondre.) La campagne!.. toujours la campagne!.. toujours des feuilles aux arbres... La rivière... Oh! la rivière!.. si au moins elle était en diamants... mais non... c'est de l'eau... J'ai beau cracher dedans pour faire des petits ronds... ça ne m'amuse pas!.. (Appelant.) La Vilaine!..

LA VILAINE, brusquement.

Eh bien! quoi?..

MIMI.

M'a-t-on envoyé, de Saint-Denis, la crinoline que j'avais fait demander?..

LA VILAINE.

Est-ce que je sais, moi?.. Est-ce que je connais vos crinolines, moi?.. (Elle sort.)

* La V. M.

SCÈNE II.

MIMI, puis CARPEVILLE.

MIMI, seule.

Quelle aimable domestique j'ai là!.. (Soupirant.) Ah! j'ai eu bien tort de ne pas acheter ma crinoline à Paris, la dernière fois que j'y suis allée... mais, sous prétexte que ça coûte cinquante centimes de plus, mon mari a préféré l'acheter à Saint-Denis... Je suis sûre qu'elle manquera de ballon... et j'ai besoin de ballon...

Air des *Dames de la halle* (OFFENBACH).

Ah! je voudrais être élégante!
De bell's fourrur's, des bracelets,
  J'en voudrais, voudrais, voudrais,
  J'en voudrais, oui, j'en voudrais!
Avec dix mille francs de rente,
Un' voiture et des p'tits poneys,
  J'en voudrais, voudrais, voudrais!
  V'là toujours c' que je voudrais!
Chaque soir, tout bas je soupire
Après un joli cachemire,
Un beau chapeau solferino,
Pour aller à Valentino.
  Hélas! qui donc me dira
  Quand tout ça m'arrivera?
    Ah! ah!
Ah! quelle existence coquette!
On peut bien, quoique femme honnête,
Désirer le bal, le bal et la toilette!

DEUXIÈME COUPLET.

Lorsque je vois fraîch's et rosées
De belles dames de Paris,
  Grâce à la poudre de riz,
  J' mépris' nos teints de Saint-Denis.
Quand je vois aux Champs-Élysées
De p'tits messieurs si bien vêtus,
  J' mépris' la plain' des Vertus,
  Notre affreus' plain' des Vertus.
Quand je sens des truff's au madère,
Je mépris' les pommes de terre;
Je rêv' les min's du Périgord,
Et les salons d' la Maison-d'Or.
  Hélas! qui donc me dira
  Quand quelqu'un m'y conduira?
    Ah! ah!

(Parlé.) Cabinet numéro 8!.. boum!..

Ah! quelle existence coquette!
On peut bien, quoique femme honnête,
Désirer le bal, le bal et la toilette!

(Elle danse sur la ritournelle, puis va s'asseoir et reste pensive. — Entre Carpeville; à son entrée, l'orchestre joue l'air du *Sire de Framboisy.*)

CARPEVILLE, entrant et à part *.

Elle est là!.. ma Mimi... elle pense à moi!.. (Il s'approche tout doucement.)

MIMI, à elle-même.

Ah! oui, je manque de ballon!..

CARPEVILLE.

Bon!.. ça ne fait rien... (Il l'embrasse.) Tiens!

MIMI, se levant.

Aïe!.. Que c'est bête!.. vous m'avez fait peur...

CARPEVILLE.

Tiens, voilà pour te rassurer!.. (Il l'embrasse encore.) Oh! je t'aime!.. je t'aime!.. (Il l'embrasse.)

MIMI.

Quand ça sera fini, vous me le direz...

CARPEVILLE.

Jamais!.. Vois-tu, Mimi... j'ai fait un rêve!..

MIMI.

Ça doit être du joli!..

CARPEVILLE.

Figure-toi que dans mon rêve... que je t'embrasse encore! (Il l'embrasse.) j'avais ma ligne sur l'épaule... j'arrivais à Asnières... je m'établissais près du pont!.. Tout à coup ma ligne se changeait en écumoire, et la rivière en poêle à frire, où les goujons frétillaient la bouche enfarinée.

MIMI.

Mais ce n'est pas un rêve, ça, c'est une friture!..

CARPEVILLE.

Tu l'as dit!.. Que je t'embrasse!..

MIMI.

Ah! quel être embrasseur!..

CARPEVILLE **.

Alors, je me suis écrié : C'est un avertissement, profitons-en!.. tentons la fortune!.

MIMI.

Quoi!.. tu veux?..

CARPEVILLE.

Oui... je veux te faire riche, je veux que tu portes... des manchons... que tu aies une pendule Richond sur ta cheminée et une *ormoire* à glace!..

* C. M.
** M. C.

MIMI.

Oh! une *ormoire* à glace!.. le rêve de mes rêves!.. Et tu vas partir?..

CARPEVILLE.

Pour deux jours seulement... le temps de m'enrichir.

MIMI.

Quel bonheur!..

CARPEVILLE.

Naïve enfant!..

SCÈNE III.

LES MÊMES, LARFOUILLAT *.

LARFOUILLAT, entrant et portant un énorme jupon à cerceaux.
Voilà la crinoline de Madame!..

MIMI.

Ah! ma crinoline!..

CARPEVILLE.

Ce Larfouillat est d'un galant... (Il prend la crinoline.)

MIMI.

Mais donnez donc!.. donnez!.. (La regardant.) Bon! elle est ratée!..

LARFOUILLAT.

Pardié! ça se voit tout de suite...

CARPEVILLE.

A quoi?..

MIMI.

Tenez... les cerceaux sont en osier au lieu d'être en acier... c'est un treillageur qui a fait ça... c'était un serrurier qu'il fallait... Enfin!.. heureusement que vous allez vous en aller... mais vous me direz adieu avant de partir... Ce n'est pas que j'y tienne... mais c'est pour le monde...

CARPEVILLE.

Ah!.. à propos... avant mon voyage, j'ai quelque chose à te remettre.

MIMI.

De l'argent?

CARPEVILLE.

Non!.. Je te sais attachée à tes devoirs.

MIMI.

Oh! comme le gratin au fond de la casserole...

CARPEVILLE.

Prends ces écheveaux de coton bleu et ces aiguilles.

MIMI.

Pourquoi faire?

* M. C L.

CARPEVILLE.

Pour me tricoter une paire de bas... Je serai absent deux jours... il y a là-dedans de l'ouvrage pour quarante-huit heures.

MIMI.

Mais...

CARPEVILLE.

Il n'y a pas de mais... Pendant que tu tricoteras... tu ne penseras pas à mal... J'aime mieux te savoir travaillant à ma chaussure que de te savoir inoccupée et travaillant à ma coiffure...

MIMI.

Pourtant...

CARPEVILLE.

J'avais un instant songé à te tuer... pour être plus sûr de ta fidélité... mais j'ai réfléchi.

MIMI.

C'est heureux !

CARPEVILLE.

Maintenant, je ne te renvoie pas, mais va-t'en ! j'ai à causer avec l'ami Larfouillat... A plus tard le baiser de l'étrier... En attendant, un à-compte. (Il l'embrasse.)

MIMI, à part.

Est-il sciant avec ses embrassades !..

CARPEVILLE, à Mimi.

Eh bien, on ne m'embrasse pas ?.. (Il l'embrasse.) Charmante femme !.. ah ! que je l'aime !

ENSEMBLE.

Air : A ce soir.

CARPEVILLE.

Au revoir! (bis.)
A moi pense
En mon absence.
N' mange pas notre bien
Et surtout tricote bien!

MIMI.

Au revoir! bis.)
Bonne chance.
En ton absence !
Ne fais pas le vaurien,
Et tâch' d'amasser du bien!

LARFOUILLAT, à part.

Bon espoir! (bis.)
Son absence
Est une chance.
Me voilà le gardien
Et le maître de son bien!

(Mimi entre à droite.)

SCÈNE IV.

LARFOUILLAT, CARPEVILLE *.

LARFOUILLAT.

Je te pénètre... Tu pars illico?

CARPEVILLE.

Eh bien... oui... la!..

LARFOUILLAT.

Pourquoi ne pas le dire à ta femme?

CARPEVILLE.

Parce que si je le disais... je ne partirais pas... et comme je veux partir... je ne le dis pas...

LARFOUILLAT.

Ah ! Et où vas-tu ?

CARPEVILLE.

Je me suis entendu avec Thibault le batelier... Nous partons dans sa barque... nous allons écumer le canal de la Villette.

LARFOUILLAT.

Il y a de l'ouvrage !

CARPEVILLE.

Oui !.. Il paraît qu'il y a des richesses enfouies au fond du canal. . Mais il ne s'agit pas de ça... Tu vas revoir Mimi... aies-en bien soin pendant mon absence.

LARFOUILLAT.

Sois tranquille !

CARPEVILLE.

Et dès que j'aurai pris ma volée... tu lui remettras ce pli. (Il tire de sa poche une énorme lettre.)

LARFOUILLAT.

Une lettre !..

CARPEVILLE.

Non ! un pli...

LARFOUILLAT.

Le pli est pris.

CARPEVILLE.

Adieu !..

LARFOUILLAT.

Je ne te reconduis pas !

CARPEVILLE.

C'est inutile... entre amis n' faut pas s' gêner... Adieu !.. adieu, portes !.. adieu, mur !.. adieu, meubles !.. (Il envoie des baisers de tous côtés.) C'est sa voix. (On entend chanter Mimi.) Si je... non... si.. non... Adieu !.. (Il sort brusquement.)

* L. C.

SCÈNE V.

LARFOUILLAT, puis MIMI [*].

Est-il bête, celui-là !.. Il aime sa femme; il est vrai que je l'aime aussi !.. Oh ! c'est elle !..

MIMI. Elle entre en tricotant.

Ah !.. c'est vous, Larfouillat ! (A part.) Il est laid, ce garçon... mais il a de la race !

LARFOUILLAT.

Carpeville est parti !..

MIMI.

Je l'ai bien vu... par la fenêtre... mais je n'ai fait semblant de rien... Il serait revenu m'embrasser...

LARFOUILLAT, à part.

Comme ça donne envie de se marier, des cocottes comme ça !.. (Haut.) A propos... votre mari m'a donné... (Il va pour tirer la lettre.)

MIMI, vivement.

De l'argent ?.. pour m'acheter un chapeau... des rubans ?..

LARFOUILLAT.

Non... il m'a donné une poignée de main... en me disant : Tâche que Mimi ne s'ennuie pas, distrais-la...

MIMI.

Il a dit ça ?

LARFOUILLAT.

Il a même ajouté : Il y a là... tout près, à Saint-Ouen, dont c'est la fête... un grand bal... emmènes-y Mimi... et fais-la danser.

MIMI.

Il désire que je danse avec vous ?

LARFOUILLAT.

Il l'exige !

MIMI.

Mais j'y songe... et ces bas qu'il m'a donnés à tricoter ?..

LARFOUILLAT.

Ces bas ?.. bah !..

Air anglais.

A vos yeux déjà brillent
Les plaisirs les plus vifs.

MIMI.

Si mes jambes frétillent,
Mes doigts sont inactifs.
Je m'sens des plus ingambes...

LARFOUILLAT.

Qui peut vous arrêter ?

[*] L. M.

Car tricoter des jambes
N'est-ce pas toujours tricoter?

ENSEMBLE.

Oui, tricoter des jambes,
N'est-ce pas toujours tricoter?

LARFOUILLAT.

Voyons, ça y est-il?.. venez-vous?

MIMI, lui prenant le bras, et à part.

Il est vilain... mais il a de la race.

LA VILAINE, entrant *.

Vous sortez?

MIMI.

Oui, je vas danser...

LA VILAINE.

Sans votre mari ?

MIMI.

Tiens ! c'est bien plus drôle !.. (A Larfouillat.)

Air précédent.

Partons!.. De la guinguette,
D'ici j'entends l'archet...

LARFOUILLAT.

Allons fouler l'herbette
A deux sous le cachet!

MIMI.

A nous les gais quadrilles!
Si mes jamb's peuv'nt compter,
Ce soir, pour des aiguilles,
Je vais joliment tricoter !

ENSEMBLE.

Ce soir, comm' des aiguilles,
Ell's vont joliment tricoter!

(Mimi et Larfouillat sortent par la droite, en dansant)

SCÈNE VI.

LA VILAINE, NÉRÉE **.

NÉRÉE, paraissant au fond en lorgnant.

Qu'elle est belle, ô mon Dieu !.. et que je souffre !

LA VILAINE.

Qu'est-ce que vous voulez, vous ?

NÉRÉE, en dehors.

Rien. Je suis un passant.

* La V. M. L.
** N. La V.

LA VILAINE.

Alors, passez!

NÉRÉE.

Je passe. (A part.) Ah! voui, qu'elle est belle! et que je souffre donc!.. (Il s'éloigne. — La Vilaine disparait. — Musique à l'orchestre.)

Premier entr'acte.

—

(Musique à l'orchestre.—Aussitôt UN MONSIEUR entre en scène, et dit, en s'adressant aux machinistes :)

Ne changez pas!.. (Il s'approche de la rampe et salue le public.) Messieurs, votre serviteur!.. Qui je suis?.. je vais vous le dire. Les principaux événements de la pièce que nous parodions se passant dans les entr'actes, les personnes qui ont vu le drame du Vaudeville, sans avoir lu le roman, n'y ont pas compris grand'chose, et ne comprendraient absolument rien à notre parodie. Pour obvier à cet inconvénient, nos auteurs (on ne vous en a nommé qu'un, mais ils sont trois), nos auteurs m'ont chargé de vous donner l'explication de ce qui se passe dans chaque entr'acte... Et voici pour le premier... (Au chef d'orchestre.) L'air de *Renaudin de Caen...*

Air de *Renaudin de Caen.*

Or donc, pour le commencement,
Et du premier au second acte,
Mimi, par un étrange pacte,
Choisit Larfouillat pour amant.

Quoi! cette femme délicate
A fait choix de ce galapiat?
— Oui, ce choix n'a rien qui la flatte ;
Mais son galant est Larfouillat.

— Mais c'est donc une passion?
— Pour lui, non pas! quelle folie!
Elle cède... à l'antipathie,
Au charme... de l'aversion.

Pour ce butor, pour cette buse,
Cette belle rose a fleuri...
La seule chose qui l'excuse,
C'est que ce n'est pas son mari.

Quant au grand dada qu'on a vu
Passer, repasser tout à l'heure
En lorgnant, devant sa demeure,
Voici ce qu'il est devenu :

Il a loué, près de chez elle,
Un logement très-peu garni,
Orné d'un jardin, où la belle
S'en vient rêver à l'infini.

C'est là, sous les cieux azurés,
Que, tout en cueillant la noisette,
Malgré Larfouillat qui les guette,
Ils se sont parfois rencontrés.

En secret, la dame préfère
A cet ourson le bel Arthur;
Mais sur la route de Cythère,
Larfouillat s'élèv' comme un mur.

Voilà, sans rien atténuer,
Des incidents l'histoire exacte ;
Donc, la suite au prochain entr'acte.
J'ai l'honneur de vous saluer.

(Criant.) Au changement !.. (Il sort.)

DEUXIÈME TABLEAU.

Un jardin avec énormément de roses.

SCÈNE PREMIÈRE.

NÉRÉE, puis SAPAJOU.

NÉRÉE, entrant avec une valise.

Décidément, cette Mimi me fait poser... Faisons mon petit colis. Justement la blanchisseuse vient de me rendre mon linge... Je n'ai pas payé ma note... Rien ne me retient plus ici... Oh ! je souffre !...

SAPAJOU, dans la coulisse.

Des bonnets! d' bons bas !... des bas !.. des bonnets! d' bons bas !... (Entrant.) Eh mais*!...

NÉRÉE.

Je ne me trompe pas !... Sapajou !...

SAPAJOU.

Nérée Dusorbet !

NÉRÉE.

Que fais-tu dans ces parages ?

SAPAJOU.

Je vends de la camelotte.., des bonnets, d' bons bas, bretelles, jarretières... Et toi?

* N. S.

NÉRÉE.

Moi ?... Je suis sans place... Hier, j'étais coiffeur... aujour-
d'hui je me promène... je rase les boutiques et je frise le
pavé !...

SAPAJOU.

Tu es donc rentier ?

NÉRÉE, poétiquement.

Non, je suis amoureux !

SAPAJOU.

Alors, tu es comme moi... dans la camelotte !...

NÉRÉE.

Oh ! ne dis pas d' mal de celle que j'aime... c'est un ange !

SAPAJOU.

Enfant !... Est-elle libre ?

NÉRÉE.

Dans ses allures, oui... dans son état civil, non !... Je la
soupçonne mariée.

SAPAJOU.

A-t-elle un amant ?

NÉRÉE.

Je n'ose le croire.

SAPAJOU.

Ah ! mon ami !... prends garde... tu es jeune, tu com-
mences à peine la vie, et tu vas te jeter à plein collier dans
le torrent des désillusions !

NÉRÉE.

Comment ça ?

SAPAJOU.

Vois-tu, mon cher Dusorbet, les femmes devraient être
comme les maisons.

NÉRÉE.

Comprends pas...

SAPAJOU.

Suis bien mon raisonnement... Ce que je vais te dire là est
assez inconvenant, mais j'ai l'autorité de mes auteurs... car
je ne marche jamais sans mes auteurs... Tu me suis?

NÉRÉE.

Je t'emboîte !

SAPAJOU.

Les maisons, dans Paris, lorsqu'elles ont des appartements
à louer, portent des écriteaux pour indiquer aux passants
qu'ils trouveront peut-être là des logements à leur conve-
nance. Quand il n'y a pas d'appartements à louer, il n'y a pas
d'écriteaux... Bon !... Eh bien! pourquoi les femmes, quand
leur cœur est vacant, n'auraient-elles pas un signe quelconque
qui semblerait dire au voyageur : « Monsieur ? — Madame ?
— Vous pouvez me parler, Monsieur. — Vraiment, Madame ?
— Vous pouvez me faire la cour. — Sapristi !... est-ce possible ? — Oui, Monsieur; mon cœur est libre. » Ou bien si le

cœur est occupé : « Passez votre chemin, Monsieur. — Mais,
Madame... — A Chaillot!... Vous êtes un gêneur!... Fichez-
moi le camp!... Rangez votre voiture!... Place aux femmes
honnêtes qui vont à pied! »

Air : Ces braves hussards du 6e.

> Par ce moyen, très-bon en somme,
> Employé pour les logements,
> On n' verrait plus un galant homme
> S'exposer à perdre son temps
> Pour des cœurs qui n' sont pas vacants.
> On pourrait régler sa conduite,
> Et l'écriteau dirait enfin
> Si l'on doit, ou louer de suite,
> Ou r' passer au terme prochain.

NÉRÉE.

Mais tu supposes donc que Mimi?... car elle s'appelle
Mimi...

SAPAJOU.

Mon cher Dusorbet, les femmes, c'est comme les pruneaux:
qu'elles nous fassent aller, très-bien! parfait!... mais n'ava-
lons pas les noyaux... c'est de l'excitation à la débauche...
Encore un apophthegme d'un de mes auteurs... car je cite
toujours mes auteurs... Maintenant que je t'ai donné des
conseils que tu ne me demandais pas, et que tu t'empresse-
ras de ne pas suivre... permets-moi de retourner à ma camelotte... Des bas, des bonnets! d' bons bas!...

NÉRÉE.

Adieu!

SAPAJOU.

Non... au revoir... Je flâne dans le pays.. Je les démoralise
en leur vendant des bonnets! d' bons bas! (Il sort par le fond.)

SCÈNE II.

NÉRÉE, puis MIMI*.

NÉRÉE.

Ce marchand de bas a de la jugeotte... Continuons mon
petit colis... (Musique à l'orchestre. — Entre Mimi, tenant à la main un
énorme parapluie rouge.)

MIMI.

Ah! que je suis fâchée d'avoir été au bal avec Larfouillat!
(Apercevant Nérée.) Le coiffeur!... Ah! qu'il a l'air distingué!...
Il sent la vanille!

    * N. M.

NÉRÉE, faisant sa malle.

Un faux col!... trois serviettes, dont deux à liteaux bleus. .
une chemisette...

MIMI, à part.

Il a du linge...

NÉRÉE.

Ah! que je souffre donc!

MIMI.

C'est un jeune homme bourré de chic!... Ah! que je suis
fâchée d'avoir été au bal avec Larfouillat : (Haut.) Vous partez?

NÉRÉE, se contenant.

Il le faut!... on m'attend pour une coupe.

MIMI.

Gageons que c'est une craque.

NÉRÉE, avec passion.

Eh bien, oui!... c'en est *une!*... Je pars tout bêtement
parce que je vous aime !

MIMI, sévèrement.

Jeune homme!... Parce que je viens dans votre jardin, ce
n'est pas une raison pour me faire la cour... D'ailleurs, pourquoi m'aimez-vous?

NÉRÉE.

Est-ce que je sais ?... Je t'aime parce que je t'aime... et
ce que j'aime en vous... c'est toi!

MIMI, à part, avec poésie.

Ah! j'ai un cheveu pour ce perruquier !

NÉRÉE.

Air : *Jeune fille aux yeux noirs...*

Jeune femme aux yeux bleus, tu règnes sur mon âme...

MIMI, à part.

Vraiment, en l'écoutant, je me crois chez Pleyel,
Il m' semble, quand je l'entends me distiller sa flamme,
Qu'en mon oreille ici les guêpes font leur miel.

ENSEMBLE.

MIMI.

Je palpite !
Il m'agite !
La chanson
A raison :
« Sur la terre
« Il n'est guère
« De beaux jours
« Sans amours! »

NÉRÉE.

Je palpite!
Ell' m'agite!
La chanson

' M. N.

A raison :
« Sur la terre
« Il n'est guère
« De beaux jours
« Sans amours! »

MIMI, regardant au dehors.

Ciel !... Larfouillat qui vient de ce côté! (A Nérée.) Coiffez-moi !...

NÉRÉE.

S'il vous plaît?

MIMI.

Coiffez-moi !... faites-moi un huit...

NÉRÉE.

Oh! bonheur!... Je vais crêper celle que j'aime!...

SCÈNE III.

LES MÊMES, LARFOUILLAT *.

LARFOUILLAT, entrant.

Hein!... qu'est-ce que je vois là?

MIMI.

N'allez-vous pas grogner?... C'est mon coiffeur.. il me coiffe!

LARFOUILLAT.

Possible... mais moi, il me rase!

NÉRÉE.

Plaît-il?. . (A Mimi.) Qu'a donc ce bouledogue?

MIMI.

Ne faites pas attention, c'est le chien de la maison.

NÉRÉE.

Le chien de Lafontaine!... J'ignorais que cet artiste aimât les animaux.

LARFOUILLAT.

Dites donc, vous, quand vous aurez fini de me mécaniser! (A Mimi.) Allons, venez... Oust !...

NÉRÉE, à part.

Comme il lui parle!

MIMI, à part.

Oh! avoir dansé avec cet homme! (Prenant son bras.) Allons, ne faites pas le méchant... (Avec sentiment, à Nérée.) Adieu, beau brun! adieu, coiffeur de Paphos!

LARFOUILLAT, la tirant.

Venez donc!

NÉRÉE, à part.

En v'là un animal!...

* L. M. N.

ENSEMBLE.

Air : *Au revoir, monsieur Biscotin.*

MIMI.
Entre vous, plus d' débats fâcheux !
 Pour n' pas fair' d'envieux,
 Il faut quitter ces lieux.
Une femme, c'est son devoir,
 Quand arrive le soir,
 Doit dir' : Bien l' bonsoir !

NÉRÉE ET LARFOUILLAT.
Entre nous, plus d' débats fâcheux !
 Sans nous fair' les gros yeux
 Sachons être amoureux.
 (A part.)
 Mais, j'en ai le doux espoir,
 Seul à seul dès ce soir
 J' pourrai la revoir !
(Mimi et Larfouillat sortent. Bruit au dehors.)

NÉRÉE.
Qu'entends-je ?.. du bruit dans ma charmille !..
LA VILAINE, paraissant *.
C'est moi !.. je ramassais des bouts de cigares. (Ils sortent.)

Deuxième entr'acte.

—

LE MONSIEUR, entrant et saluant.

Encore une petite explication... Cette vieille, qui procède à
la fois du caniche et du porc-épic, entend par ces mots : « Je
ramasse des bouts de cigares.. » qu'elle surveille les faits et
gestes de sa maîtresse. Elle fait sa petite provision de potins,
afin de tout conter au mari quand il reviendra... C'est un
Yago en tablier de cuisine... Il est essentiel de vous faire re-
marquer cela pour l'acte qui va suivre... Messieurs, j'ai bien
l'honneur... (Criant.) Au changement ! (Il salue et sort. Le décor
change.)

 * N. La V

TROISIÈME TABLEAU.

Même décoration qu'au premier tableau.

—

SCÈNE PREMIÈRE.

MIMI, seule.

Décidément, j'ai fait une bêtise en allant au bal avec Larfouillat... Mais voilà notre destinée, à nous autres pauvres
femmes, notre première polka est presque toujours une veste,
et ça nous gêne pour la seconde.

Air du *Premier pas*.
Le premier pas
Se fait sans qu'on y pense,
D'un Larfouillat on accepte le bras;
Puis, un beau brun nous invite à la danse
Et nous bisquons d'avoir fait, sans prudence,
Le premier pas! (*bis*.)

(Soupirant.) Enfin! essayons de tricoter!.. (Elle va s'asseoir et prend
ses aiguilles.)

SCÈNE II.

MIMI, SAPAJOU *.

SAPAJOU, entrant par la droite.

Des bonnets! d' bons bas!

MIMI.

Qui est là?

SAPAJOU.

Ne vous dérangez pas... C'est moi.

MIMI.

Vous?

SAPAJOU.

Sapajou, marchand de bonnets de coton... et de morale!...
A votre service, sacrebleu!

MIMI.

Merci! je n'ai besoin de rien.

SAPAJOU.

Savoir!.. Je suis l'intime de Nérée Dusorbet.

MIMI, cherchant.

Où diable ai-je mis mon coton?

SAPAJOU, à part.

Elle veut me faire perdre le fil... (Haut.) Cet imbécile s'est
toqué de vous.

MIMI, cherchant toujours.

Je l'avais serré dans un tiroir.

SAPAJOU.

Dusorbet?

* M. S.

MIMI.

Mon coton.

SAPAJOU.

Pardon!.. vous êtes en affaires... je repasserai. (Fausse sortie.)

MIMI, le rappelant.

Jocko?

SAPAJOU, revenant.

Sapajou!

MIMI.

C'est toujours un nom de singe... Asseyez-vous donc.

SAPAJOU, prenant une chaise.

Trop honnête! (Il s'assied.) Je vais vous narrer mes amours.

MIMI.

Allez-y!

SAPAJOU.

J'ai été pincé deux fois dans ma vie.

MIMI.

Deux fois! ça n'est guère.

SAPAJOU.

Le numéro un était une piqueuse de bottines, nommée Fifine Greluchette... une bonne fille... rouge comme une carotte .. Je n'ai pas eu besoin de l'assassiner.

MIMI.

Elle vous résista?

SAPAJOU.

Faiblement... Je passe, et j'arrive au numéro deux.

MIMI.

Voyons ça?

SAPAJOU.

Celle-là, je l'idolais... j'en devenais idiot... Elle m'aurait dit d'aller voir *le Marchand de coco* huit fois de suite, j'aurais essayé. Un jour que je la pressais de me donner la clef de son cœur, elle m'arrêta par un regard qui signifiait : Il y a du monde!.. Je sentis que j'étais de trop, et je cessai d'aller chez elle... Mais, loin de lui en vouloir de cet avertissement sans frais, je lui vouai mon estime à perpétuité!

Air : *Je suis soldat, j'en jure sur l'honneur.*

A son souv'nir, ma paupière s'humecte;
Sans le servir, j'honore ce drapeau.
Comm' mon grand-père, enfin, je la respecte,
Et quand j' la vois, je retir' mon chapeau.
    Mon cha, mon peau,
    Je r'tir' mon chapeau!

MIMI, à part.

Je comprends l'apologe.

SAPAJOU.

Sur ce, j'ai bien l'honneur de vous très-humbler. (Il sort en criant.) Des bonnets! d' bons bas!

MIMI.

A propos!.. *(Le rappelant.)* Ouistiti?

SAPAJOU, revenant.

Sapajou !

MIMI.

Avez-vous des bas de coton bleu?..

SAPAJOU.

Pour hommes, femmes et moutards...

MIMI.

Un grand pied... c'est pour mon mari.

SAPAJOU, lui en donnant.

Voilà... vingt-neuf sous, garantis deux ans...

MIMI, les prenant et les mettant dans sa poche.

Vous mettrez ça sur mon ardoise.

SAPAJOU, à part.

Sapristi!.. je suis volé!.. *(Il sort par la droite.)*

MIMI, seule.

Comme ça, je pourrai flâner à mon aise... quand mon mari
reviendra, je lui donnerai ces bas-là, en lui disant que je les
ai tricotés... et il n'y verra que... du bleu!..

SCÈNE III.

MIMI, LARFOUILLAT *.

LARFOUILLAT, brusquement.

Salut!..

MIMI.

Ah ! vous voilà!.. écoutez-moi : M. Nérée Dusorbet va venir...

LARFOUILLAT.

Encore !

MIMI.

Vous allez le recevoir.

LARFOUILLAT.

Moi!..

MIMI.

Vous lui direz de s'en aller, de quitter le pays.

LARFOUILLAT.

C'est différent !.. la commission me va.

MIMI.

Et soyez convenable... je serai là!.. *(Elle sort par la gauche.)*

LARFOUILLAT, seul.

Diable ! ça va me gêner!.. Le v'là ! attention!..

SCÈNE IV.

LARFOUILLAT, NÉRÉE **.

NÉRÉE.

Madame Carpeville, s. v. p.?..

* .'. L.

** L. N.

LARFOUILLAT.

C'est moi.

NÉRÉE.

Vous?.. Quelle est cette facétie?..

LARFOUILLAT.

Elle m'a chargé de vous recevoir à sa place et de vous flanquer à la porte !.. Ça ne vous contrarie pas, ce que je vous dis là?..

NÉRÉE.

Moi... nullement... continuez.

LARFOUILLAT.

Elle dit comme ça que vos visites la compromettent... qu'on commence à faire des cancans... enfin, quoi, que vous l'ennuyez!.. Ça ne vous contrarie pas, ce que je dis là?..

NÉRÉE.

Du tout!.. allez toujours.

LARFOUILLAT.

Ah çà! dites donc, n'allez pas croire que...

NÉRÉE.

Allons donc!.. Est-ce que jamais une femme pourrait faire attention à vous, avec cette binette-là?..

LARFOUILLAT, vexé.

Mais...

NÉRÉE.

Ça ne vous contrarie pas au moins, monsieur Larfouillat?

LARFOUILLAT.

Au contraire!..

NÉRÉE.

Car enfin, vous n'avez rien de rien pour plaire... vous êtes laid, bête, grossier... vous avez les abatis canailles...

LARFOUILLAT.

Ah çà! à la fin!..

NÉRÉE.

Ça ne vous contrarie pas, monsieur Larfouillat?

LARFOUILLAT.

Mais non, mais non... ne vous gênez pas, allez votre train!..

NÉRÉE.

J'ai fini.

LARFOUILLAT.

C'est heureux!

NÉRÉE.

Adieu, monsieur Larfouillat !

LARFOUILLAT.

Vous ne m'en voulez pas, au moins?.. (Il lui tend la main.)

NÉRÉE, sans la prendre, et à part.

Oh! je reviendrai !.. (Il sort à droite.)

LARFOUILLAT, seul.

A son aise!.. m'en voilà débarrassé!..

SCÈNE V.

LARFOUILLAT, MIMI, rentrant, très-pâle [*].

LARFOUILLAT.

J'ai fait votre commission... il va filer.

MIMI.

Et vous allez filer aussi!

LARFOUILLAT.

Comment! vous me renvoyez?..

MIMI.

Tiens! si vous croyez que je vas jeter les fleurs et conserver les pots... merci!..

LARFOUILLAT.

Mais vous l'aimez donc, cet olibrius?

MIMI.

Quand ça serait?..

LARFOUILLAT, menaçant.

Mimi!

LA VILAINE, entrant.

Madame a sonné?

LARFOUILLAT.

Eh non!.. file!..

MIMI.

Reste, la Vilaine!

LARFOUILLAT.

Alors, je m'en vas!.. au revoir!..

MIMI.

Adieu, Larfouillat! (Larfouillat sort furieux. On entend le bruit du vent et de l'orage.)

SCÈNE VI.

MIMI, LA VILAINE.

LA VILAINE.

Ah! quel temps de chien!.. c'est par un temps pareil que mon pauvre Médor s'est péri dans la mare!.. (Elle sort.)

SCÈNE VII.

MIMI, puis NÉRÉE.

MIMI.

Enfin, Nérée va partir!.. je ne le reverrai plus!..

NÉRÉE, entrant brusquement [**].

Coucou!.. ah! me voilà!..

MIMI.

Vous! imprudent!.. Et la Vilaine?..

NÉRÉE.

Elle ronfle à trois francs l'heure!..

[*] M. L.
[**] M. N.

MIMI.

Si elle se réveillait !.. si elle nous surprenait ensemble !

NÉRÉE.

Tant pire !.. je m'en moque... je brave tout !.. car je t'aime,
ô Mimi !..

MIMI.

Nérée... pas de bêtises !.. contentons-nous d'une amitié bien
sentie.

NÉRÉE.

De l'amitié !.. allons donc !.. c'est de ton amour que j'ai
soif !.. j'en ai la pépie, Madame !.. (Il cherche à lui prendre la taille *.)

MIMI.

Voyons, soyez sage !.. Vous êtes défrisé, je vais vous mettre
des papillotes.

NÉRÉE.

Des papillotes ?..

MIMI.

C'est une idée... un caprice...

NÉRÉE.

Soit !.. j'y consens !.. papillotons !.. (Il s'assied.)

MIMI, lui passant la main dans les cheveux.

Quelle superbe chevelure !..

SCÈNE VIII.

Les mêmes, LARFOUILLAT.

LARFOUILLAT, entrant **.

Nom d'un nom !..

MIMI.

Larfouillat !..

NÉRÉE, se levant.

Par la fenêtre !..

LARFOUILLAT.

Encore ce coiffeur !.. (A Mimi.) Que faites-vous là, Madame?

MIMI.

J'apprends à coiffer.

LARFOUILLAT.

Coiffer !.. vous ne le savez que trop !.. (A Nérée.) Je suis la
connaissance de Madame, j'ai à jaboter avec elle... par ainsi,
oust !..

NÉRÉE, à part.

Plus souvent !

LARFOUILLAT.

Eh bien ! vous n'êtes pas parti?.. Qu'attendez-vous?

* N. M.
** M. N. L.

NÉRÉE.

J'attends que la bourgeoise m'enjoigne de vous flanquer à la porte... par la fenêtre...

LARFOUILLAT, levant une chaise.

Paltoquet!

NÉRÉE, en levant une autre.

Malotru!..

MIMI.

Grand Dieu!.. ils vont casser les meubles!.. (On entend au dehors un son de trompe. Tout le monde s'arrête consterné.)

MIMI.

Le sifflet de mon mari!..

LARFOUILLAT.

Ah! bigre!..

NÉRÉE.

Ah! fichtre!.. le mari!..

MIMI, à Larfouillat.

Vous allez lui présenter monsieur Nérée comme votre ami de collége.

LARFOUILLAT.

Mais...

MIMI.

Je le veux!

NÉRÉE, à Larfouillat.

Sauvons cette femme d'abord... on se peignera ensuite!..

SCÈNE IX.

LES MÊMES, CARPEVILLE.

CARPEVILLE, entrant par le fond *.

Ah! Mimi!.. chère Mimi!.. mais embrasse-moi donc!

MIMI, le repoussant.

Plus tard!.. Nous avons de la société.

CARPEVILLE, voyant Larfouillat.

Larfouillat!.. ce brave Larfouillat!.. (Il le serre dans ses bras. — Apercevant Nérée.) Tiens! qu'est-ce que c'est donc que ce grand-là?

LARFOUILLAT.

Lui?.. c'est... Nérée Dusorbet, mon ami de collége.

CARPEVILLE.

De collége! tu n'y as jamais été!.. Enfin, c'est égal!.. (Tendant la main à Nérée **.) Monsieur...

NÉRÉE.

Capitaine!.. (A part.) Appelons-le capitaine, comme au Vaudeville.

CARPEVILLE.

Les amis de nos amis sont toujours nos amis... Vous déjeunerez demain avec nous.

* M. C. L. N.
** M. L. C. N.

NÉRÉE.

Volontiers.

CARPEVILLE.

A la fortune du pot !

LARFOUILLAT.

Convenu !

NÉRÉE.

C'est dit !

ENSEMBLE.

Air : *Beaux jours de notre enfance !*

CARPEVILLE.

Enfin, de la Villette
Me voilà (*bis.*) revenu !
J'accours près d' ma poulette,
Comme un coq (*bis.*) ingénu !

LES TROIS AUTRES, à part.

Déjà de la Villette
Le voilà (*bis.*) revenu !
Pour nous quel trouble-fête !
Quel retour (*bis.*) saugrenu !

SCÈNE X.

CARPEVILLE, MIMI, puis LA VILAINE *.

CARPEVILLE.

Je te trouve froide à mon endroit !

MIMI.

Dame !.. le saisissement, la joie, et puis...

CARPEVILLE.

Quoi donc ?

MIMI.

J'ai mal à une dent. (La Vilaine entre à petits pas et écoute au fond **.)

CARPEVILLE.

Pauvre biche !.. Une dent de sagesse !..

LA VILAINE, à part.

Cric !..

CARPEVILLE.

Ça se passera. Je t'ai rapporté de mon voyage des biblots un peu soignés.

MIMI, froidement.

Ah !..

CARPEVILLE.

Ah çà ! et toi ?.. Avons-nous pensé à Bibi ? avons-nous bien tricoté en son absence ? Où sont les bas ?

MIMI, lui donnant lentement ceux qu'elle a achetés.

Les voici !.. (Elle sort dramatiquement.)

* M. C.
** M. C. La V.

SCÈNE XI

CARPEVILLE, LA VILAINE *.

CARPEVILLE.

Ah çà! il y a quelque chose!.. Enfin, c'est égal, elle a i n tricoté.

LA VILAINE, s'approchant de Carpeville immobile.

Maître, vous n'avez pas vu l'étiquette?

CARPEVILLE.

Quoi! . l'étiquette?

LA VILAINE, lui montrant l'étiquette attachée aux bas.

Vingt-neuf sous!.. c'est des bas à la mécanique!

CARPEVILLE.

Je suis refait... à la mécanique!

LA VILAINE.

Maître, j'en ai long à vous débouler sur la bourgeoise!

CARPEVILLE.

Minute!.. Il s'agit d'affaires de ménage... Viens me conter ça derrière le rideau.

LA VILAINE.

Venez, maître. (Ils sortent par le côté.)

Troisième entr'acte.

—

LE MONSIEUR, entrant et saluant le public.

Pardon... Ici la situation devenait très-embarrassa te... L'auteur, homme d'une grande expérience... et dont c'est le premier ouvrage dramatique, a tourné très-habilement la difficulté... Il fait baisser le rideau. Cependant, les spectateurs se demandent : Que sait le mari? que ne sait-il pas? Il sait tout, Messieurs... Et comme c'est un vrai marin, un homme franc comme l'osier... il va dissimuler tout le temps du quatrième acte... J'ai bien l'honneur de vous saluer... Au changement! (Il se retire. — Changement à vue.)

QUATRIÈME TABLEAU.

—

SCÈNE PREMIÈRE.

LARFOUILLAT, NÉRÉE, MIMI, entrant gaiement **, puis CARPE-
VILLE, LA VILAINE.

ENSEMBLE.

Air de *Zampa*.

Au plaisir, à la folie,
Consacrons ce jour d'été!

* C. La V.
** L. M. N.

L'ambigu qui nous convie
Nous rappelle à la gaité.

MIMI.

Ah çà! mes enfants, pas de farces!.. Carpeville, avec son air bon enfant, est un tigre quand il s'y met... N'allez pas lui laisser soupçonner...

NÉRÉE.

Chut!.. le v'là!

CARPEVILLE, entrant.

Eh! ces chers amis!.. C'est gentil d'être exacts!.. (Il leur donne des poignées de main *.)

LARFOUILLAT, à part.

Il m'embête avec ses poignées de main!

NÉRÉE, à part.

Ma position manque de noblesse! Sourions pour me donner une contenance.

LA VILAINE, qui, pendant ce qui précède, a mis le couvert.

Maître, le potage refroidit.

CARPEVILLE.

A table! et vive la joie!

MIMI, à part, avec un sentiment de pudeur.

Gobelotter avec tous mes polkeurs! c'est roide! (Changeant de ton.) Ah bah! je m'en fiche!.. Et puis ça se fait place de la Bourse. A table!

TOUS.

A table **!

CARPEVILLE.

Ah çà! Mimi, ne fais pas ton nez de carton!.. et chante-nous la légende de la plaine des Vertus... normandes.

MIMI.

Volontiers.

Air nouveau de MANGEANT.
Dans la plaine des Vertus,
Y a des femm's qui n'en ont guère,
Dans la plaine des Vertus,
Ah! ah! ah!

TOUS.
Ah! ah! ah!

MIMI.
Les maris sont (*bis*.) sont tous d'un bon caractère.

TOUS.
Les maris sont, etc.

MIMI.
Dans la plaine des Vertus,
Ah!
Les maris sont... hurluberlus.

TOUS.
Dans la plaine, etc.

* M. L. C. N.
** L. N. C. M.

MIMI.

Ah ! c'est un charmant endroit,
Bonnes gens et bonnes ames ;
Oui, chacun y marche droit :
On y voit toutes les femmes
          Fidèles.
          Aimables.
          Soumises !
Mais coquettes... jamais !
          Cric ! cric !

TOUS.

Cric ! cric !

REPRISE.

Dans la plaine des Vertus, etc.

MIMI.

Dans ce pays fortuné,
Toutes choses sont permises :
Aux maris, même à leur né,
On leur en fait voir de grises,
          De vertes,
          De rouges,
          De noires,
Mais de jaunes... jamais !
          Cric ! cric !

TOUS.

Cric ! cric !

REPRISE.

Dans la plaine des Vertus, etc.

CARPEVILE.

Larfouillat, passe donc les radis à M. Nérée.

LARFOUILLAT, brusquement.

Voilà !

CARPEVILLE.

Ce brave Larfouillat ! Quand je pense que c'est moi qui l'ai
repêché il y a un mois du canal Saint-Martin.

NÉRÉE, avec ironie.

Si M. Larfouillat s'était *neyé*, quelle perte pour la société !
(Larfouillat donne un coup de poing sur la table.)

TOUS.

Eh bien ! quoi donc ?

MIMI, avec crainte, à part.

On s'asticote !

NÉRÉE.

On plaisante avec vous et tu te fâches !

CARPEVILLE.

Allons, buvons !

NÉRÉE.

A la santé de ce bon Larfouillat !

LARFOUILLAT, lui collant le fromage à la pie sur la figure.

V'lan ! (Il se lève.)

MIMI, à part, d'une voix gracieuse et en souriant.

On va se cogner! on va se cogner!... Filons pendant la raclée! (Elle sort à droite.)

CARPEVILLE.

Comment! Tu ne trinques pas?

LARFOUILLAT.

Non! il m'a insulté !

NÉRÉE, s'essuyant la figure.

Je l'ai insulté... Ah ! elle est bonne, celle-là !

CARPEVILLE.

Bah !

LARFOUILLAT.

En venant ici, il m'a appelé berger.

NÉRÉE, à part.

Berger !

LARFOUILLAT.

Et il m'a dit : zut !

CARPEVILLE.

Il a dit : zut au berger? C'est grave !

NÉRÉE, avec noblesse, s'essuyant la figure.

Je suis un homme du monde; je consens à une tripotée, bien que Monsieur *soye* un vrai pignouf !

SAPAJOU, entrant par le fond.

Un duel !... Un instant !... ça me regarde ! je serai ton témoin.

CARPEVILLE.

Allez voir si les lilas sont en fleur. Je vais arranger la chose ! (A part.) Enfin, je tiens ma vengeance !

CHŒUR.

Air de *l'Image.*

La colère

M'exaspère.

Quoi ! m'appeler / l'appeler berger !

De l'injure,

Je le jure,

Je saurai me venger !

SCÈNE II.

CARPEVILLE, SAPAJOU *.

SAPAJOU.

Je pense, capitaine, que nous allons nous entendre !

* S. C.

CARPEVILLE.

Oui, Monsieur.

SAPAJOU.

Votre ami Larfouillat est vif.

CARPEVILLE.

Très-vif... oui, Monsieur... Mais il a été insulté... On l'a appelé berger !

SAPAJOU.

Je ne sais pas ce que veut dire ce mot : Berger !

CARPEVILLE.

Moi non plus... mais il veut du sang... ou des excuses... Votre ami écrira au mien une lettre ainsi conçue : « Je déclare m'être conduit comme un polisson ! »

SAPAJOU.

Jamais !

CARPEVILLE, continuant.

« Je reconnais être une canaille... avoir volé le tronc des Coiffeurs réunis... »

SAPAJOU.

Assez !... Les armes !

CARPEVILLE.

Pardon, Monsieur... vous le voulez?.. La colonne Vendôme et l'Arc de triomphe.

SAPAJOU.

Comment ?

CARPEVILLE.

Votre ami va se rendre immédiatement place Vendôme, et montera sur la colonne.

SAPAJOU.

Bien !... Ensuite ?.. (Larfouillat paraît à droite.)

CARPEVILLE.

Larfouillat ira à la barrière de l'Étoile et grimpera sur l'Arc de triomphe.

LARFOUILLAT, à part, revenant.

Hein ?

CARPEVILLE.

Et à huit heures sonnant, ils se jetteront en bas tous les deux... Celui qui en réchappera sera le vainqueur.

SAPAJOU.

Soit !... Comme insulté, votre ami a le choix des monuments. (Il sort.)

LARFOUILLAT, s'avançant *.

Ah çà ! dis donc, toi ! mais je ne sais pas me battre comme ça !...

CARPEVILLE, bas.

Silence donc !... Je vais te donner une leçon.

* S. C. L.
** C. L.

LARFOUILLAT.

Une leçon ?

CARPEVILLE.

Une fois sur l'Arc de triomphe, tu guignes le factionnaire...

LARFOUILLAT.

Oui... je le guigne... Après ? (Il se baisse. Carpeville va pour lui donner un coup de poing.) Hein ?... quoi donc ?...

CARPEVILLE.

Rien !... Tu te jettes... Arrivé aux cariatides, tu fais deux petites culbutes sur toi-même... comme ça... prrrout!... en obliquant un peu à gauche, pour ne pas tomber sur la baïonnette... (Carpeville va pour lui donner un coup de pied.)

LARFOUILLAT.

Ah çà ! qu'est-ce qui te prend ?...

CARPEVILLE.

Rien... (Ils vont boire tous deux, l'un prend une cruche, l'autre un seau.)

LARFOUILLAT, avec joie, se frottant les mains.

Compris ! Ensuite ?

CARPEVILLE.

Et tu arrives en plein sur l'épaulette gauche, qui amortit le coup... Tu es sauvé !

LARFOUILLAT.

Oui .. mais, dis donc, le factionnaire... qu'est-ce qu'il dit de ça ?

CARPEVILLE.

Le factionnaire?... il n'a le droit de rien dire pendant sa faction... S'il parle, il fait huit jours de salle de police. Prends garde à la baïonnette... Et maintenant, viens! (Ils sortent.)

Quatrième entr'acte.

—

LE MONSIEUR, sortant du trou du souffleur, un volume à la main.

Messieurs, je vous avoue que je suis très-embarrassé... J'ai beau feuilleter le roman... *la Vraie Pénélope normande*... collection Michel Lévy, rue Vivienne, 2 *bis*, je ne trouve absolument rien qui éclaire la situation... Le mari veut se venger de son ami qui l'a trahi... bon !.. alors que fait-il? Il fait battre son ami avec le jeune homme qui n'est pas son ami et qui ne l'a pas trahi... bien !.. mais l'ami du mari qui l'a trahi, après s'être battu... toujours dans la coulisse... (et on dit, place de la Bourse, que la coulisse est supprimée!...) après s'être battu avec celui qui n'est pas l'ami du mari, revient près du mari... et le mari, qui a préservé les jours de son ami, veut tuer son ami qui l'a trahi... après que l'autre, qui n'est pas son ami, a été occis par son ami qui se croyait trahi, comme lui-même, il avait trahi son ami... Quel amphigouri!... Finlement le mari... (Regardant en dessous.) Allons, bon !... qu'est-ce qui me chatouille les mollets ?.. Ah ! c'est le souffleur ! Pardon ! on est prêt pour le cinquième acte. Mesdames et Messieurs, veuillez, je vous prie, agréer l'expression de mes sentiments les plus distingués. Changez le décor ! (Il disparait dans le trou. — Changement à vue.)

CINQUIÈME TABLEAU.

—

SCÈNE PREMIÈRE.

MIMI, seule, un sac de voyage à la main. — Musique en sourdine à l'orchestre.

Je suis seule. « A neuf heures et quart, m'a dit Nérée, nous filerons vers le Casino de la rue Cadet. » Si j'écrivais à mon mari pour le prévenir... Ah ! ma foi, non !... il le saura bien, en ne me voyant plus à la maison... Ah ! Nérée ! quelle toccade j'ai pour toi !... Filons ! (Carpeville parait au fond.) Ciel !... trop tard !... (La musique s'arrête sur un forté.)

SCÈNE II.
MIMI, CARPEVILLE *.

CARPEVILLE, traînant un grand coffre.

Bonjour, Mimi !

MIMI.

Bonjour, mon bébé !

CARPEVILLE.

Tu sortais ?

MIMI, avec embarras.

J'allais chez une voisine.. pour faire un bézigue.

CARPEVILLE.

Nous béziguerons ensemble.

MIMI.

Mais...

CARPEVILLE.

Mais, quoi ?

MIMI, baissant les yeux.

Rien, mon bébé !

CARPEVILLE.

A la bonne heure, tu restes avec ton petit homme... Pour ta peine, je vais te montrer les cadeaux qu'il rapporte à sa petite femme.

MIMI, regardant la pendule.

Mais...

* C. M.

CARPEVILLE.

Mais, quoi?

MIMI.

Rien, mon bébé!

CARPEVILLE, s'agenouillant près du coffre qu'il ouvre.

Voici d'abord un diadème... (Il tire un bonnet de sauvage garni de plumes.)

MIMI.

Oh! c'est d'un goût!..

CARPEVILLE.

Mettez-le... (Il le lui pose sur la tête.) Puis... un manchon... (Il tire un bonnet à poil.)

MIMI.

Ça? c'est un bonnet à poil!..

CARPEVILLE.

N'es-tu pas un grenadier pour la vertu?.. Tu vas voir. (Il coupe avec des ciseaux l'extrémité du bonnet, et le donne à Mimi.) Manchon *impermouillable!*.. Maintenant le manteau! (Il tire un manteau rapiécé et le pose sur les épaules de Mimi.) Regarde-toi donc dans cette glace... Ah! vous êtes belle, Mimi! plus belle que la femme sauvage qui le portait. (Une demie sonne.)

MIMI, le regard fixe.

Ah! l'heure est passée! l'heure est passée! (Elle s'assied.)

CARPEVILLE, à part.

Et maintenant, faisons-la jaser... La Vilaine ne m'a donné que de faibles détails, et, d'ailleurs, il n'est pas convenable que je m'en rapporte aux *potins* de ma domestique.

MIMI.

Vous dites?

CARPEVILLE.

Tenez... je vous ai rapporté un diamant de la plus belle eau...

MIMI.

Ça? c'est un bouchon de carafe!

CARPEVILLE.

Regardez... comme il brille...

MIMI.

Ça me fait loucher. .

CARPEVILLE.

C'est ce qu'il faut. (Il lui place le bouchon de carafe sur le front. — A part.) C'est une nouvelle science qu'on vient d'inventer... ça s'appelle l'hypnotisme... un joli mot!

MIMI.

C'est singulier...

CARPEVILLE.

Ça opère... (Musique.)

MIMI, s'endormant.

Je ne sais... ce que... j'éprouve... Ce bouchon de carafe!.. Assez!.. assez!.. Ah! grâce!.. atchi!

CARPEVILLE.

Elle éternue !.. elle dort !.. Mimi !.. qu'as-tu fait pendant
mon absence ?

MIMI, s'agitant.

J'ai fait la noce...

CARPEVILLE.

Comment ?

MIMI, parlant malgré elle.

J'ai dansé... avec Larfouillat... j'ai promis de polker avec
Dusorbet... *la Polka des baisers*...

CARPEVILLE, jetant le bouchon de la carafe.

Malheureuse ! tu ne polkeras plus !

MIMI, réveillée.

Qu'ai-je fait ? qu'ai-je dit ?

CARPEVILLE.

Tout !

MIMI, avec un cri.

Ah !

CARPEVILLE.

Tu attends Larfouillat... il ne viendra pas... il est occis !

MIMI, avec épouvante.

Oh ! que non !

CARPEVILLE, avec un sourire de tigre.

Oh ! que si !.. Tu attends Dusorbet... Dusorbet ne viendra
pas... En se jetant du haut de la colonne, il s'est brisé la
sienne... de vertébrale...

MIMI.

Ah ! je cours !..

CARPEVILLE, la repoussant.

Vous ne sortirez pas !.. Ah ! pendant que je ramais comme
un canotier du dimanche, vous ouvriez ma porte aux gan-
dins, vous polkiez sur mon honneur, et vous avez cru que tout
ça me botterait ! Mais vous êtes folle, vous êtes folle !

MIMI.

Miséricorde !

CARPEVILLE, les bras croisés.

Vous êtes folle !..

MIMI.

Monsieur... oui, ma conduite a été décolletée... oui, j'ai
pénélopé d'une façon fantaisiste ; mais laissez-moi passer. Que
voulez-vous, je le gobe, cet homme !

CARPEVILLE.

Malheureuse !

MIMI, tombant à genoux.

Tuez-moi ! je le gobe !

CARPEVILLE.

Eh bien, quand la Vilaine rentrera, le Dusorbet n'aura
plus besoin de frictions. (La Vilaine entre.)

MIMI.

Ciel! (Sanglotant.) Ah! Dusorbet!.. mon Dusorbet!..

CARPEVILLE, lui rendant le bonnet à poil.

Voilà pour essuyer vos larmes!..

MIMI, sanglotant toujours.

Le bonnet à poil! Oh! mon châtiment commence!

CARPEVILLE, avec exaltation.

Canal de la Villette, je reviens à toi!.. Canal de la Villette, berce-moi! (Tombant à genoux.) Reprends ton fils, comme tu reprends le canard ingrat qui revient barboter sur l'azur de tes flots... Me voilà, mes amis, me voilà!.. Mimi, je te pardonne! je te pardonne!

MIMI, d'une voix naturelle.

Qu' t'es bête! Alors, ne t'en va pas...

CARPEVILLE.

Tiens! au fait, c'est inutile, puisque je te pardonne.

MIMI.

Puisque tu me pardonnes!.. (A part.) Quelle oie que cet homme! (Sapajou, Nérée et Larfouillat entrent en se tenant par le bras très-gaiement.)

SCÈNE III.

LES MÊMES, SAPAJOU, NÉRÉE, LARFOUILLAT *,
LE MONSIEUR.

CHŒUR.

Air : *Gai, gai, marions-nous !*

Gai, gai, narguons le sort
Qui taquine tous les hommes!
Gai, gai, tant tués qu' nous sommes,
Il n'y a personn' de mort!

CARPEVILLE.

Nérée! Larfouillat!.. vivants!

SAPAJOU.

Blessés seulement.

LARFOUILLAT, montrant son doigt enveloppé d'un petit linge.

Voilà!.. j'ai attrapé la baïonnette!

NÉRÉE, montrant aussi son doigt enveloppé d'un linge.

Moi, idem...

CARPEVILLE.

Bah! Et vous ne vous êtes fait que ça?

NÉRÉE.

Oui, c'étaient des baïonnettes capitonnées!

LE MONSIEUR, entrant **.

Pardon! pardon!.. un simple et dernier éclaircissement!

TOUS.

Lequel?

* L. C. M. S. N.
** L. le M. C. M. S. N.

LE MONSIEUR.

Et la lettre, à quoi sert-elle?

CARPEVILLE.

Quelle lettre?

LE MONSIEUR.

Celle du premier acte... celle que vous remettez à **M.** Larfouillat.

CARPEVILLE.

Ah!.. Eh bien, mais... elle sert... elle ne sert à rien.

LE MONSIEUR.

Très-bien!.. tout est expliqué!

CHŒUR.

Air de *la Ronde de* MANGEANT (*chantée plus haut*).

Si nous manquons de vertus,
L'autr' Pénélop' n'en a guère!
Si nous manquons de vertus,
Le Vaud'vill' n'en a pas plus!

MIMI, au public.

Nous somm's au Palais-Royal;
On sait que cett' bonbonnière,
Des farces est le local.
Ses pièces sont d'ordinaire
Légères,
Badines,
Spirituelles;
Mais, trop lestes... jamais!
Cric! cric!

TOUS.

Cric! cric!

MIMI.

Si nous manquons de vertus,
Ah!
Le Vaud'vill' n'en a pas plus!

TOUS.

Si nous manquons de vertus, etc.

FIN.

LAGNY. — Typographie de A. VARIGAULT et Cie.

COLLECTION MICHEL LÉVY.

Volumes parus et à paraître. — Format grand in-18, à 1 f(ranc.)

vol.

A. DE LAMARTINE.
Les Confidences. . . 1
Nouv. Confidences. . 1
Touss. Louverture. . 1

THÉOPH. GAUTIER
Beaux-arts en Europe 2
Constantinople. . . 1
L'Art moderne. . . 1
Les Grotesques. . . 1

GEORGE SAND
Hist. de ma Vie. . 10
Mauprat. 1
Valentine. 1
Indiana. 1
Jeanne. 1
La Mare au Diable.. 1
La petite Fadette. . 1
François le Champi. 1
Teverino. 1
Consuelo. 3
Comt. de Rudolstadt 2
André. 1
Horace. 1
Jacques. 1
Lettres d'un voyag. 1
Lélia. 2
Lucrezia Floriani. . 1
Psyché de M. Antoine 2
Piccinino. . . . 2
Meunier d'Angibault. 1
Simon. 1
La dern. Aldini . . 1
Secrétaire intime. . 1

GÉRARD DE NERVAL
La Bohême galante 1
Le Marq. de Fayolle. 1
Les Filles du Feu. . 1

EUGÈNE SCRIBE
Théâtre (ouv. comp.) 20
Comédies. . . . 3
Opéras 2
Opéras comiques.. 5
Comédies-Vaudv.. 10
Nouvelles. 1
Historiettes et Prov. 1
Piquillo Alliaga. . . 3

HENRY MURGER
Dern. Rendez-vous. 1
Le Pays Latin. . . 1
Scènes de Campagne 1
Les Buveurs d'Eau. 1
Vacances de Camille. 1

CUVILLIER-FLEURY
Voyag. et Voyageurs. 1

ALPHONSE KARR
Les Femmes. . . . 1
Encore les Femmes. 1
Agathe et Cécile. . 1
Pr. hors de mon Jard. 1
Sous les Tilleuls. . 1
Voy. aut. de mon jard. 1
Poignée de Vérités.. 1
Pénélope normande. 1
Trois cents pages . 1
Soirées de Se-Adresse 1

Mme B. STOWE
Traduct. E. Forcade.
Souvenirs heureux. . 3

CH. NODIER (Trad.)
Vic. de Wakefield. 1

LOUIS REYBAUD
Jérôme Paturot . . 1
Paturot-République. 1
Dern. des Commis-
  Voyageurs. . . . 1
Le Coq du Clocher. 1
L'Indust. en Europe 1
Ce qu'on voit dans
  une rue. 1

FRÉDÉRIC SOULIÉ.
Mémoires du Diable. 2
Les Deux Cadavres. 1
Confession Générale. 2
Les Quatre Sœurs . 1
Au jour le jour . . 1
Marguerite. — Le
  Maître d'École. . 1
Le Bananier. — Eu-
  lalie Pontois. . . 1
Huit jours au Château 1
Si jeunesse savait . 2
Le port de Creteil.. 1
Le conseiller d'Etat. 1
Le Magnétiseur. . . 1
Un malheur complet 1
La Lionne 1
Les Drames inconnus 4
La rue de Pro-
  vence No 3 . . 1

Mme É. DE GIRARDIN
Marguerite. . . . 1
Nouvelles. 1
Vicomte de Launay. 4
Marq. de Pontanges. 1
Poésies complètes. . 1
Cont. d'une v. Fille. 1

ÉMILE AUGIER
Poésies complètes. . 1

F. PONSARD
Etudes Antiques. . 1

PAUL MEURICE
Scènes du Foyer. . 1
Les Tyrans de Village 1

CH. DE BERNARD
Le Nœud gordien. . 1
Gerfaut. 1
Un homme sérieux. . 1
Les Ailes d'Icare . 1
Gentilhom. campagu. 2
Un Beau-Père. . . 2
Le Paravent . . . 1
L'Ecueil. 1

HOFFMANN
Trad. Champfleury.
Contes posthumes. . 1

OSCAR DE VALLÉE
Les Manieurs d'arg. 1

ALEX. DUMAS FILS
Avent. de 4 femmes. 1
La Vie à vingt ans. 1
Antonine. 1
Dame aux Camélias. 1
La Boîte d'Argent. 1

LOUIS BOUILHET
Melænis. 1

JULES LECOMTE
Poignard de Cristal. 1

X. MARMIER
Au bord de la Newa 1
Les Drames intimes. 1

J. AUTRAN
Milianah. 1

FRANCIS WEY
Les Anglais chez eux 1

PAUL DE MUSSET
La Bavolette. . . . 1
Puylaurens. . . . 1

CÉL. DE CHABRILLAN
Les Voleurs d'Or... 1
La Sapho 1

EDMOND TEXIER
Amour et finance. . 1

ACHIM D'ARNIM
Trad. T. Gautier fils.
Contes bizarres. . . 1

ARSÈNE HOUSSAYE
Femmes c. elles sont 1
L'amour comme il est 1

GÉNÉRAL DAUMAS
Le grand Désert. . 1
Chevaux du Sahara. 1

H. BLAZE DE BURY
Musiciens contemp.. 1

OCTAVE DIDIER
Madame Georges. . 1

FÉLIX MORNAND
La Vie arabe. . . . 1
Bernerette 1

ADOLPHE ADAM
Souv. d'un Musicien. 1

J. DE LA MADELÈNE
Les Ames en peine. 1

ÉMILE SOUVESTRE
Philos. sous les toits 1
Conf. d'un Ouvrier. 1
Au coin du Feu. . 1
Scèn. de la Vie intim. 1
Chroniq. de la Mer. 1
Dans la Prairie. . . 1
Les Clairières. . . 1
Sc. de la Chouannerie 1
Les derniers Paysans 1
Souv. d'un Vieillard. 1
Soirées de Meudon.. 1
Sc. et réc. des Alpes. 1
L'Echelle de Femm. 1
La Goutte d'eau. . 1
Sous les Filets . . 1
Le Foyer Breton. . 2
Contes et Nouvelles. 1
Les derniers Bretons 2

LÉON GOZLAN
Châteaux de France. 2
Notaire de Chantilly 1
Polydore Marasquin 1
Nuits du P.-Lachaise 1
Le Médecin du Pecq 1
Hist. de 130 femmes. 1
La famille Lambert. 1
La dern. Sœur Grise. 1

THÉOPH. LAVALLÉE
Histoire de Paris. . 2

FÉLIX MAYNARD
Journal d'une dame
  Anglaise. — De
  Delhi à Cawnpore. 1

A. DE BRÉHAT
Scènes de la Vie
  Contemporaine. . 1

EDGAR POE
Trad. Ch. Baudelaire.
Histoires extraordin. 1
Nouv. Hist. extraord. 1
Aventures d'Arthur
  Gordon Pym. . . 1

CHARLES DICKENS
Traduction A. Pichot.
Neveu de ma Tante. . 2
Contes de Noel . . 1

A. VACQUERIE
Profils et Grimaces. 1

A. DE PONTMARTIN
Contes et Nouvelles. 1
Mém. d'un Notaire.. 1
La fin du Procès. . 1
Contes d'un Planteur
  de choux. . . . 1
Pourquoi je reste à
  la Campagne. . . 1

HENRI CONSCIENCE
Trad. Léon Wocquier.
Scèn. de la Vie flam. 2
Le Fléau du Village. 1
Les Heures du soir. 1
Les Veillées flamand. 1
Le Démon de l'Argent 1
La Mère Job. . . 1
L'Orpheline. . . . 1
Guerre des Paysans. 1

PAUL DE MOLÈNES.
Mém. d'un gentilh.
  du siècle dernier. 1

DE STENDHAL
(H. Beyle.)
De l'Amour. . . . 1
Le Rouge et le Noir. 1
La Chartr. de Parme. 1

MAX. RADIGUET
Souv. de l'Amér. esp. 1

PAUL FÉVAL
Le Tueur de Tigres. 1
Les dernières Fées. 1

MÉRY
Les Nuits anglaises. 1
Une Hist. de Famille. 1
André Chénier. . . 1
Salons et Sout. de Paris 1
Les Nuits italiennes. 1

GUST. FLAUBERT
Madame Bovary. . . 2

CHAMPFLEURY
Les Excentriques. . 1
Avent. de Mlle Mariette 1
Le Réalisme. . . . 1
Prem. Beaux Jours. 1
Les Souffrances du
  profess. Delteil. . 1

XAVIER AUBRYET
La Femme de 25 ans. 1

VICTOR DE LAPRADE
Psyché. 1

H. B. RÉVOIL (Trad.)
Harems du N.-Monde. 1

ROGER DE BEAUVOIR
Chev. de St-Georges. 1
Avent. et Courtisanes 1
Histoires cavalières. 1

GUSTAVE D'ALAUX
Soulouq. et son Emp. 1

F. VICTOR HUGO
(Traducteur.)
Sonn. de Shakespeare.

AMÉDÉE PICHOT
Les Poètes amoureux.

ÉMILE CARREY
Huit jours sous l'É-
  quateur.
Mélis de la Savane.
Les Révoltés du Para
Récits de Kabylie. .

CHARLES BARBARA
Histoir. émouvantes.

E. FROMENTIN
Un Été dans le Sahara

XAVIER EYMA
Les Peaux-Noires.

LA COMTESSE DASH
Les Bals masqués.
Le Jeu de la Reine.
La Chaîne d'Or.

MAX BUCHON
En Province. .

HILDEBRAND
Trad. Léon Wocquier.
Scèn. de la Vie holland.

AMÉDÉE ACHARD
Parisiennes et Pro-
  vinciales. .
Brunes et Blondes
Les dern. Marquises
Les Femmes honnêtes

A. DE BERNARD
Le Portrait de la Mar-
  quise. . . . .

CH. DE LA ROUNAT
Comédie de l'Amour.

MAX VALREY
Marthe de Montbrun

**A. DE MUSSET
GEORGE SAND
DE BALZAC, etc.**
Le Tiroir du Diable.
Paris et les Parisiens
Parisiennes à Paris

ALBÉRIC SECOND
A quoi tient l'Amour

Mme REYBAUD
(Née Samson.)
Le Bonheur impossible

NADAR
Quand j'ét. Étudiant.

ÉMILIE CARLEN
Trad. H. Souvestre
Deux Jeunes Femmes

LOUIS ULBACH
Les Secrets du Diable

VALOIS DE FORVIL
Le Marq. de Patara

F. HUGONNET
Souvenirs d'un Chef
  de Bureau Arabe

JULES SANDEAU
Sacs et Parchemins

LOUIS DE CARNÉ
Drame s. la Terrasse

Paris. — Typ. Morris et Comp., rue Amelot, 64.